# UN ALMANACH

En 1718,

OU DESCRIPTION D'UN TIR PROVINCIAL D'ARQUEBUSIERS A MEAUX EN BRIE,

Par M. A. BARBEY,

Archiviste Bibliothécaire de la Société Historique et Archéologique de Château-Thierry,

Membre Correspondant de l'Institut des provinces de France.

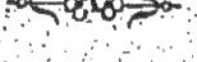

CHATEAU-THIERRY,

IMPRIMERIE DE O. LEGESNE, ÉDITEUR.

1877.

# UN ALMANACH

## En 1718,

OU DESCRIPTION D'UN TIR PROVINCIAL D'ARQUEBUSIERS
A MEAUX EN BRIE,

Par M. A. BARBEY,

Archiviste Bibliothécaire de la Société Historique et Archéologique
de Château-Thierry,

Membre Correspondant de l'Institut des provinces de France.



CHATEAU-THIERRY,

IMPRIMERIE DE O. LECESNE, ÉDITEUR.

—

1877.

# UN ALMANACH EN 1718,

OU

Description d'un Tir provincial d'Arquebusiers à Meaux en Brie,

le 29 août 1717.

---

L'exercice des armes a toujours joui en France d'une estime particulière, mais ce ne fut qu'à partir du commencement du XII$^{e}$ siècle, lors de l'établissement des *Communes* par Louis le Gros, que s'organisèrent les milices bourgeoises qui furent l'origine des compagnies militaires dont l'existence dura jusqu'en 1791 où la loi du 14 octobre les fit disparaître avec tous les privilèges dont les avait dotées la plupart de nos rois.

Établies d'abord dans un but exclusivement militaire et de défense nationale, ces milices furent utilisées en temps de paix à *adextrer* la jeunesse au maniement des armes ; les ordonnances de Charles VI et de Charles VII concernant l'établissement de compagnies de francs-archers et d'arbalétriers en démontrent l'utilité. Plus tard, lorsque l'usage des armes à feu se généralisa, ces compagnies furent remplacées par des compagnies d'arquebusiers qui continuèrent à s'exercer avec des armes plus perfectionnées, sous les formes et dénominations successives d'arquebuse à mèche, à croc et à rouet, à serpentin, jusqu'au fusil à pierre, armes qui nous paraissent aujourd'hui bien primitives, détrônées qu'elles sont par le chassepot et les armes de précision à longue portée.

Un des plus grands moyens d'émulation pour les tireurs fut dans ces temps le tir de l'oiseau ou *papegai* ; celui qui parvenait à l'abattre était proclamé *Roi* de la compagnie pour une année et jouissait de certaines exemptions et de privilèges fort enviés ; aussi les cérémonies dans lesquelles se tirait l'oiseau étaient fort en honneur, et plus tard, les Compagnies de la même province et des *par Mgr le cardinal de Bissy*, et celle du dessous : *Premier coup tiré pour le Roy par M. le Prince de Rohan.* Dans la première, le cardinal célèbre la messe entouré de son clergé, au-dessus de sa tête plane la colombe sainte ; dans la seconde, le prince, entouré d'arquebusiers et des notables, vise le panton, l'arme tenue sans fourche tendue à bras.

A droite et à gauche du cartouche précédemment décrit sont deux tableaux rectangulaires : celui de gauche représente la Chambre du Conseil des chevaliers de l'arquebuse, salle splendidement ornée des quatre portraits d'Henri IV, Louis XIII, Louis XIV et du Dauphin et d'un dais sous lequel siége le président du Conseil, assisté de dignitaires assis autour d'une table, et d'arquebusiers montant la garde. Celui de droite porte en légende : *Réception faite aux chevalliers de l'arquebuse à leur arrivée en la ville de Meaux.* La scène se passe à la porte Cornillon depuis longtemps détruite et doit être une représentation exacte de cette partie des remparts de l'ancienne ville de Meaux. La scène est charmante : salutations, concours de population, maréchaussée à cheval, rien n'y manque.

L'almanach occupe le reste de la planche, six mois à droite et six mois à gauche ; il est indiqué pour l'année 1718, il n'a rien de particulier et ressemble en tout aux almanachs de nos jours. Disons pour les curieux et pour être complet que l'année commence par un samedi, que février a 28 jours et que Pâques tombe le 17 avril.

Nous pouvons dire encore en passant aux gens éminemment financiers de notre siècle que cette année 1718 marque par l'inauguration en janvier du système de l'Écossais Law (1), et aux littérateurs que ce fut également la même année qu'eut lieu la première publication d'une édition correcte du Télémaque par le neveu de Fénelon, avec l'approbation et l'appui du gouvernement.

Mais la partie la plus intéressante de cette curieuse gravure est sans contredit celle qui représente le défilé de toutes les compagnies. Chevaliers avec leurs costumes pittoresques, porte-piques, hallebardiers, trompettes, musiciens, emblèmes, tout y est tracé avec une

(1) Prononcez Laas.

remarquable fidélité. A défaut d'une reproduction en *fac-simile* de cette pièce immense, nous ne pouvons mieux faire que d'y suppléer par la reproduction du texte même qui se trouve au-dessous de la représentation de chaque compagnie et en l'accompagnant de quelques commentaires qui nous ont paru nécessaires.

En tête du cortége figurent quatre hallebardiers, trompettes et tambours précédant *la figure du bouquet qui est la déesse de la Paix*, et *les prix des quatre pantons estimés 12,000 livres,* portés par des arquebusiers.

La déesse tient à la main un rameau d'olivier portant fruits ; autour de la base qui séparait la statue du piédestal on lisait ce vers latin :

Quos Bellona dedit, renovat pax alma triumphos.

Cette paix est la paix de Rastadt, conséquence de la victoire éclatante remportée en 1712 par le maréchal de Villars sur les impériaux et les Hollandais commandés par le prince Eugène. Les négociations durèrent plusieurs années, ce qui explique parfaitement que nos arquebusiers aient encore donné à leur bouquet la figure d'une déesse, qu'en leur qualité de bourgeois et malgré l'habitude de leurs jeux guerriers ils préféraient à Bellone.

Viennent ensuite les Compagnies dans l'ordre suivant :

1° **Meaux** : *94 chevalliers habillé de gris galonné d'argent, portant un cha dans une cage.*

La signification de cet emblême est facile à saisir. Meaux s'est écrit *Miaulx* sur bien des chartes du moyen âge : de *miaulx*, cri du chat, à miauleux, il n'y a pas loin; on disait les *miauleux* de Meaux.

2° **Bar-sur-Aube** : *4 chevalliers habillé de couleur de canelle, un lieutenant, un tambour, un fifre.*

3° **Guigne** : *20 chevalliers habillé de gris blanc à boutons d'argent en façon de guigne; le marqueur portant la P..... de Guigne.* Autour de la poupée que porte le marqueur au bout d'une lance on lit : *La P..... de Guigne.*

Il s'agit de Guignes-Rabutin, petite ville de l'arrondissement de Melun, que par dérision et sur la consonnance de Rabutin on appelait la P..... On voit que les arquebusiers de la ville avaient le bon goût d'en rire puisqu'ils avaient choisi pour emblème une poupée.

4° **Beaumont :** *25 chevalliers habillé de couleur de canelle ayant chaqun un sifflet de chaudronniers.*

Beaumont-sur-Oise, maintenant arrondissement de Pontoise (Seine-et-Oise), possédait à cette époque des fabriques importantes de chaudronnerie, et le mot sifflet de la gravure doit s'entendre par soufflet qui était l'emblème choisi par la Compagnie de Beaumont en honneur d'une industrie qui enrichissait son pays ; cependant cet emblème n'avait pas toujours été celui de la Compagnie, car dans un concours d'arquebusiers qui eut lieu le 5 juillet 1615, cent ans auparavant dans la ville de Clermont, elle porte pour devise un saint Maurice tenant la croix. Le costume avait également changé. A cette cérémonie qui eut lieu pendant le séjour d'Henri II, prince de Condé, seigneur et comte de Clermont (père du grand Condé), les Beaumontais étaient au nombre de 47 hommes, tous mousquetaires portant pour livrée et couleur le jaune, tant en leurs écharpes qu'en leurs bandoulières et fourchettes ; le capitaine avait un pourpoint de toile d'argent, des chausses de velours rose sèche à trois passements d'or, le hausse-col d'argent doré et la pique dorée à la main ; les lieutenants, porte-enseigne, tambours, flageolets et trompettes étaient habillés à l'avenant (1).

5° **Poissy :** *4 chevalliers habillé de brun.*

6° **Avenay :** *4 chevalliers habillé de musque.*

7° **Crécy :** *25 chevalliers de gris d'epine et boutons d'argent portant des panpilles ou rognures de moliies.*

Il s'agit ici de Crécy, petite ville de l'arrondissement de Meaux. Pour bien comprendre l'emblème qu'avaient choisi ses arquebusiers il faut savoir qu'il se vendait autrefois beaucoup de morues sur le marchés de Crécy et que la pampille se compose des débris et des bas morceaux de ce poisson appelé *molue* dans le patois du pays, d'où était venu à la ville le surnom de *Crécy-la*

(1) Renseignements fournis par M. Ébermel, secrétaire de la mairie de Beaumont.

*Pampille* (1). Dans nombre de patois *l'r* se change en *l*, les enfants font constamment cette substitution.

8° **CHATEAU-THIERRY** : *25 chevalliers vestu d'un petit gris à boutons d'argent, sur leurs cocardes et au guidon un bouquet de feuilles de hou et pour devise cesci : Nul ne si frotte.*

La relation manuscrite de Rochard ne compte que 16 chevaliers et elle doit être crue de préférence à la gravure de Jollain puisqu'elle donne tous les noms de ceux qui assistaient à la cérémonie.

L'uniforme indiqué dans cette gravure reçut par la suite un changement complet ; en effet, dans une autre joûte qui eut lieu à Meaux en 1778, au même titre de Tir provincial, le costume des arquebusiers est ainsi indiqué : Habit complet écarlate, galons d'or à la Bourgogne, doublure blanche, épaulette d'or, bas et col blancs, chapeau uni et plumes ; les officiers portaient les deux épaulettes.

Il est inutile de répéter ici tout ce qu'ont dit MM. Hébert, Poquet, Delbarc et de la Vallée sur l'Arquebuse de Château-Thierry, sur sa fondation, ses priviléges et son existence ; mais quelques détails non consignés par ces historiens pourront intéresser les lecteurs de nos Annales.

En 1666, d'après un document fourni par M. Lhuillier, un prix provincial dut être tiré à Château-Thierry; mais le fait n'est pas suffisamment établi.

En 1686, la Compagnie d'arquebuse de Château-Thierry figure à un grand prix qui fut tiré à Provins. Un recueil de vers composés à cette occasion par Bernard Lelleron, avocat au Parlement, imprimé à Provins chez Nicolas Menissel, imprimeur de la ville et du collége, à l'enseigne de *La Rose*, contient à l'adresse de la Compagnie de Château-Thierry un hommage d'une poésie assez mesquine, mais à citer :

Ce beau château que vous bâtit Thierry,
Pour éluder les entreprises
Et de vos ennemis éluder les surprises,
De la crainte vous a guéry.

(1) Renseignements fournis par M. Philippe (Eugène), maire de Crécy.

Guérissez-vous de la démangeaison
D'acquérir une estime entière
Au maniment de la butière (1),
Et d'estre, sur ce faict, gens sans comparaison.
Provins, d'un très-beau champ vous a fait l'ouverture,
Il ne tiendra qu'à vous de vous y signaler,
Et donner de la tablature
A ceux qui vous feront l'injure
De prétendre vous égaler (2).

En 1717, le 29 août, au tir général de Meaux, représenté par la gravure dont nous donnons la description, tels sont, d'après Rochard, les noms des arquebusiers de Château-Thierry qui y prirent part :

1re BRIGADE.

MM. de la Forterie, *capitaine.*
Robert Gaulier.
J.-Bte Gaulier, *Roy, député.*
Antoine Le Goix de Metté.
Lesueur, l'aisné, *capitaine-lieutenant.*
Charles Payen.
François Gaulier.
Antoine Sarazin *(a gagné le dix-neuvième prix du second panton de 66 livr. 15 s.).*
Et Charles Payen.

2e BRIGADE.

MM. Jullien, *capitaine-enseigne.*
Le Givre, *capitaine-guidon.*
Denain, *sergent-major.*
Trichet de la Motte *(a gagné le 1er prix du 4e panton de 136 liv.).*
Aubriet.
Régnier.
Lesueur-Lejeune.

(1) Nous n'avons pas trop compris ce mot qui a rapport, à n'en pas douter, à l'arme employée.

(2) Renseignements fournis par M. Boquet-Liancourt.

En 1754, la Compagnie de Château-Thierry assiste à un tir provincial à Châlons-sur-Marne.

En 1773, la Compagnie de Château-Thierry prend part au tir provincial de Montereau. Leblondel, dans une brochure de la bibliothèque de M. Boquet-Liancourt, de Meaux, indique cinq officiers et quatre chevaliers, vêtus d'un habit rouge, avec veste, culotte et doublures de même, le tout galonné d'or. Le *petit gris* de 1717 était incomparablement de meilleur goût.

En 1778, vingt-trois arquebusiers montrent encore à Meaux leur uniforme écarlate et leurs galons d'or à la Bourgogne.

Ce sont : MM. Pintrel de Louverny, chevalier de l'ordre royal et militaire de saint Louis, seigneur de Chierry et Varolles, capitaine en chef.

MM. Chauvet, *major*.
Sutil, *lieutenant*.
Gaulier, *sous-lieutenant*.
Sauvigne, *aide-major*.
Carrier, *enseigne*.
Perdrix de la Contry, *guidon*.
L'abbé Rémard, *aumônier* (1).

Et MM. Truet, Crapart, Sauvigne fils, Maciet, Bouraiche, Poan de Sapincourt, Poan, avocat, Copineau, Huvier, Levasseur, de la Haye, Dubourg, Truet fils, Mangin et Aubry.

A cette solennité, la poésie ne fit pas plus défaut qu'à celles qui l'avaient précédée. Un recueil de pièces publié à Meaux cette année, au café Leblocteur, rue Saint-Nicolas, n'oublie pas Château-Thierry.

L'épine est la défense
De la reine des fleurs,
Et c'est là sa vengeance
Contre ses ravisseurs ;
Mais quand on la caresse,
On a rose et bouton,
Et c'est là la finesse
Qu'offre notre dicton (2).

(1) Très-probablement parent de Rémard, auteur de *la Chézonomie*, né à Château-Thierry.

(2) Renseignement fourni par M. Boquet-Liancourt.

Les vers ne sont pas meilleurs que ceux de 1686, mais on peut dire qu'ils sont plus fleuris et surtout qu'ils cachent ce que pouvait avoir de trop hautain la devise de la Compagnie. C'est plus courtois et de meilleur goût.

9° **Nogent-sur-Seine** : *15 chevallier vestu de gris d'épine, boutons d'argent et cocarde bleux.*

10° **Vertu** : *4 chevallier d'un petit gris d'épine, boutons d'argent.*

11° **Brie-Comte-Robert** : *15 chevalliers habillé de gris blanc, boutons d'argent et pour cocarde une queue de veau.*

12° **Laon** : *25 chevalliers habillé de rouge, boutons d'argent et chapeau bordé.*

13° **Troyes** : *18 chevalliers vestu de brun bordé et boutons d'argent.*

14° **Torrigny** : *16 chevalliers gris de fer. Le marqueur vestu de rouge et bleu, monté sur un asne orné de chardons, pour dicton : Asnes de Torrigny.*

15° **Perronne** : *4 chevalliers vestu de gris d'épine, boutons d'argent.*

16° **Neuilly-Saint-Front** : *15 chevalliers habillé de brun, boutons d'argent, jettant du sable au lieu de dragée qui est ce dicton : Sable de Neuilly.*

Rochard ne nomme que huit chevaliers des quinze sus-indiqués, ce sont MM. de Richebourg, *capitaine*, Doviller, *lieutenant*, Breffort, *capitaine-enseigne*, Charles, *Roy*, Pommery (*a gagné le 5e prix du 3e panton de 230 liv.*), Greban, Duchosal, Dumont ou Drémont.

Quant au dicton qui jette un grain de sable dans le cerveau des habitants de Neuilly, il est encore en usage; mais l'origine est encore à trouver. Dom Carlier, dans son Histoire du Valois, t. II, p. 636 nous dit seulement que la marche de la Compagnie de Neuilly était ouverte par un homme qui faisait le *fou* et qui semait du sable.

17° **Soissons** : *20 chevalliers rouges bordé d'argent, dicton Beyeux de Soissons.*

Les historiens de Soissons, MM. Martin et Leroux, ne disent rien de ce surnom de *Beyeux* donné aux Soissonnais; seul, dom Carlier et M. Biscuit d'après lui, disent que la Compagnie avait à sa tête un homme qu'on avait dressé à contrefaire le *bailleur*, c'est-à-dire l'attitude d'un désœuvré ; aussi voyait-on représenté sur son guidon un flâneur ouvrant de grands yeux étonnés.

18° **Charleville** : *16 chevalliers gris de fer à boutons d'argent.*

19° **Mézières** : *15 chevalliers vestu de gris blanc, boutons d'argent.*

20° **Sézanne** : *16 chevalliers gris de fer à boutons d'argent.*

21° **Mondidier** : *25 chevalliers vestu de rouge, boutons d'argent.*

22° **Dormans** : *25 chevalliers vestu de gris d'épine, les boutons d'argent.*

On disait les *coqs de Dormans* par opposition à leur nom.

23° **Fère-en-Tardenois** : *4 chevalliers habillés de brun.*

Rochard ne donne que le nom de M. Adrien Vinchon, *Roy*.

24° **Saint-Dizier** : *8 chevalliers vestu de brun, boutons d'argent.*

25° **Provins** : *20 chevalliers vestu de gris brodée au boutonnières d'argent, cocarde de couleurs de roze. Le marqueur portant des boistes de conserves de Provins.*

Les conserves de Provins avaient une juste célébrité ; leur parfum était dû à une espèce particulière de rose, apportée, disait-on, de la Terre-Sainte par un comte de Champagne qui l'avait acclimatée dans le pays.

26° **Sainte-Menhould** : *4 chevalliers vestu de couleurs de musque, boutons d'argent.*

27° **Compiègne** : *30 chevalliers de bleu brodée d'argent ; dicton : Dormeurs de Compiègne.*

Léon Éwig, dans son Histoire de Compiègne, en signalant le signe distinctif ou le sobriquet donné aux habitants ajoute : « Je ne sais pas bien à quelle occasion. » D. Carlier n'est pas plus explicite.

28° **Épernay** : *12 chevalliers gris, boutons d'argent, bonnets hollandais.*

A l'époque de notre gravure, la coiffure générale était le chapeau à la française ; cette particularité du bonnet hollandais, qui est une espèce de bonnet de police orné de fourrure, est assez singulière; nos recherches à la bibliothèque d'Épernay, parmi d'assez nombreuses pièces concernant l'arquebuse, ne nous ont rien appris.

29° **Chaulny** : *12 chevalliers couleur de canelle, boutons d'argent, cornets de vacher.*

Dom Carlier, à propos de ce signe distinctif, dit que le vacher de Chauny précédait la Compagnie de sa ville ; il était choisi à cause du nom singulier qu'il portait; on l'appelait *Tout-le-Monde.* Nous n'apercevons pas trop la raison que donne Carlier; toujours est-il que l'on dit encore, le *vacher de Chauny.*

30° **Braisne** : *20 chevalliers habillé de musque, boutons d'argent, marqueur portant un corbeau vivant.*

C'est la première fois que nous voyons, avant les vingt premières années de ce siècle, le nom de Braine écrit avec un *s;* du reste on a pu voir déjà que le graveur n'a pas montré un grand respect pour la véritable orthographe des noms de ville qu'il a cités. Rochard lui-même, s'il écrit bien ce nom *Braine,* au-dessus de la première brigade des arquebusiers qui ont assisté au tir, l'écrit *Brene* au-dessus de la seconde. Assistaient au tir :

1re BRIGADE.

MM. Romain, seigneur vicomte de Beaurieux, Villers-le-Sec, Plaine, Serve, Gaillardon, Regny et Servais, bailli de Braine, *capitaine en chef ;*

Et MM. Brodin, *Roy*, Copineau aîné, *connétable, député,* Brasseur, Copineau jeune, Guilbert et Courteille *(a gagné le 18e prix du 1er panton de 76 livres).*

2e BRIGADE.

MM. Du Rié, *lieutenant*, Charpentier, *capitaine-enseigne (a gagné le 13e prix du 1er panton de 126 livres),* Périer, *guidon,* Balagny, *sergent-major,* Avril, *greffier, député,* Lemoine et Bouin *(a gagné le 2e prix du 1er panton de 285 livres).*

31° **Villenaux** : *15 cehvalliers de brun, boutons d'or, dicton : les J. F. de Villenaux.*

32° **Rozay** : *16 cevalliers habillé de gris de fer, boutons d'argent, marqueur faicoit manger de la soupe à une poupée.*

33° **Saint-Denis** : *22 chevallier de gris blanc, boutons d'argent.*

34° **Chaume** : *10 chevallier de brun galonné de paille; le marqueur habillé de paille*, à cause du nom du pays qui est *Chaulmes-sur-l'Yère* (Seine-et-Marne).

35° **Vailly** : *10 chevallier habillé de rouge, boutons d'or; dicton : Veaux de Vailly.*

L'abbé Léger explique ce dicton en donnant à Vaux la signification de Vallée; Vailly-lès-Vaux, d'où, par calembourg et dérision, *les veaux de Vailly.*

36° **La Ferté-Milon** : *16 chevalliers couleur de maron, boutons d'argent.*

La gravure n'indique pas l'emblème de la Compagnie de La Ferté-Milon, mais Dom Carlier apprend à ses lecteurs qu'elle figurait sur son enseigne un *piemard*, oiseau commun dans la forêt de Retz, et assez rare ailleurs; piemard est le nom commun de l'oiseau connu en histoire naturelle sous nom de pic; la France en possède plusieurs variétés.

La Ferté-Milon avait à cette cérémonie deux brigades.

La première, commandée par M. Le Givre, sieur de la Cense, *capitaine*, était composée de MM. Reynauld, seigneur de Grand-Maison, Delacroix, sieur de la Tournelle, Roquin du Soleil, sieur du Leurier, de Saacy, sieur de la Bruffe, Fuffy, sieur de la Grange-Lorent, et Souzy de la Motte.

La deuxième, sous les ordres de M. Meusnier, écuyer, seigneur de Silly, *capitaine commandant*, comptait MM. Souzy *(a gagné le 8e prix du 1er panton de 170 livres)*, de la Haye, *enseigne*, du Fresne, *Roy*, de Saacy, *Prévôt*, Roguin le jeune, sieur de Salury, *connétable (a gagné le 7e prix du 3e panton de 190 livres, plus le 9e prix du 9e panton de 155 livres)* et Painvin des Caillettes, *député*.

On voit que la Compagnie était composée de la noblesse et de la haute bourgeoisie du pays.

37° **Reims** : *25 chevallier vestu de rouge portant des pains d'épice de Reims.*

38° **Coulommiers** : *20 chevallier vestu de rouge, boutons d'or; le marqueur portoit un savouret de bœuf.*

39° **La Ferté-Gaucher** : *10 chevallier vestu de brun, boutons d'argent.*

40° **Chaalons** : *26 chevallier de gris, boutons d'argent.*

On les appelait les *maraudeurs*, du verbe *marauder*, en patois champenois; cette maraude consistait uniquement à se réunir à l'auberge du *Lion d'Or* où les arquebusiers consommaient quelques menues provisions en les arrosant de plusieurs bouteilles de vin (1).

41° **Noyon** : *20 chevallier vestu de rouge à brandebourg d'argent.*

42° **Condé** : *8 chevallier gris de fer, boutons d'argent.*

43° **Vitry** : *20 chevallier rouge, boutons d'argent; au guidon, une salemandre sur un brazier.*

Emblème tiré de son nom, *Vitry-le-François* : la salamandre entrait dans les armes de François I^er^ qui avait reconstruit Vitry, détruit par l'incendie; il était donc juste à double titre.

44° **Ioinville** : *6 chevallier de brun, boutons d'argent.*

45° **Fismes** : *20 chevallier couleurs de maron portant une fouine.*

Emblème en calembourg par à peu près et dont c'est, du reste, le seul exemple à ma connaissance; ordinairement les arquebusiers portaient les armes de la ville qui sont d'or à trois hommes armés de sable.

Le capitaine de la Compagnie divisée en deux brigades était M. Hubert de Chercoute; parmi les chevalliers on remarque M. Billet-Desmarest, dont la famille existe encore à Fismes et qui a fourni à la France et à l'armée l'infortuné colonel Billet qui commandait les cuirassiers à Reishoffen, et qui a péri à Limoges victime d'un horrible assassinat dans une émeute.

46° **La Ferté-sous-Joarre** : *26 chevallier couleur d'olive portant une poupées.*

47° **Corbeil** : *20 chevallier gris de fer portant des pêches de Corbeil.*

(1) Renseignement fourni par M. Deullin, d'Épernay.

48° **Mante** : *6 chevallier vestu de gris d'épine menant un chiens de Mante.*

49° **Crépy** : *25 chevallier : marqueur portant deux cochons.*

Le marché de Crépy servait d'entrepôt aux marchands de bétail flamands et picards qui y faisaient entrer une telle quantité de porcs que la porte de la ville par laquelle ils passaient en retint le nom de *Porte-aux-Pourceaux*. De là le sobriquet donné de temps immémorial aux habitants, *les cochons de Crépy* ; on voit que les arquebusiers ne s'en fâchaient pas.

Dom Carlier, qui donne cette explication, ajoute que les trois Compagnies de Crépy, de La Ferté-Milon et de Braine, ont toujours été les plus distinguées de la province de Valois (1).

50° **Senlis** : *16 chevallier portant une besace.*

Pourquoi ce singulier emblème ? Dom Carlier se contente de dire, sans en donner la raison, que la Compagnie de Senlis avait pour indication un gueux chargé d'une besace, pour réaliser le surnom de *besaciers* qu'on donne aux habitants.

51° **Pont-Sainte-Maxance** : *20 chevallier de gris de fer, boutons d'argent.*

On les appelait *les soupiers* ; aussi la compagnie était ordinairement précédée par un homme portant une marmite et une cuiller à pot.

52° **Saint-Quentin** : *10 chevallier gris d'ardoise, parment de velours noir, boutons d'argent.*

53° **Lagny** : *16 chevallier de gris d'épine, à leurs chapeaux des épies d'orge.*

Tout le monde connaît l'origine du dicton local : *Combien vaut l'orge ?* et le sort réservé au malheureux questionneur dans la ville de Lagny qui avait été horriblement ravagée par le capitaine de Lorges, en 1544, par suite d'une révolte des habitants suscitée contre l'autorité royale au sujet d'une querelle survenue entre l'abbé de Lagny et les moines. On le plongeait dans une fontaine du XI<sup></sup>e siècle qui orne la place ; on voit que

(1) Parmi les chevaliers de Crépy, on remarque M. Eutrope-Dominique Petit, l'un des ancêtres maternels de l'auteur.

les arquebusiers, en arborant des épis d'orge n'en avaient pas conservé rancune.

54° **Melun** : *25 chevallier couleur de maron brodé d'or, sur leurs boutons un lassis d'anguille.*

Les anguilles de Melun sont assez connues pour ne pas chercher à expliquer ce dicton.

55° **Suipe** : *4 chevalliers de brun, boutons d'argent.*

56° **Avis** : *4 chevalliers couleur de cannelle à boutons d'or.*

57° **Bar-sur-Seine** : *6 chevalliers habillé de gris blanc, boutons d'argent.*

Cinquante-sept compagnies d'arquebusiers représentant un effectif de neuf cent quarante hommes, magnifiquement équipés avec leurs tambours, fifres et trompettes, voilà certes de quoi jeter dans une ville une animation dont la suite de notre récit pourra donner une faible idée.

Mais, pour terminer la description de notre gravure, disons qu'au bas de l'estampe, sur six colonnes divisées en six lignes chacune, se trouve la *Liste et noms de messieurs les Présidens du prix général de Meaux et des officiers et chevalliers qui ont tiré au prix*, puis le nom de l'auteur éditeur : *A Paris, chez Gerard Jollain, rue Saint-Jacques, à l'Enfant Jésus.*

Au point de vue artistique, la gravure de Jollain est de tous points satisfaisante. C'est une pièce parfaitement conçue, d'un dessin correct, naturel et d'un burin facile. Jollain devait être un artiste de mérite et cependant je n'ai trouvé son nom dans aucune biographie. Mes recherches, aidées de celles de notre excellent collègue M. Amédée Varin, dont la compétence en matière de gravure est bien reconnue, et de feu M. Francisque Lecart qui travaillait beaucoup sur notre pays, m'ont fait seulement découvrir dans la collection de la Bibliothèque nationale, recueil Jeaurat-Jouy, in-f° M 3, une gravure de Jollain représentant l'entrée de Louis XV à Paris, disposée en cortége d'une manière tout à fait identique à celle des arquebusiers ; elle contient un cartouche représentant le convoi de Louis XIV et un calendrier pour l'année 1716.

Je trouve encore au Catalogue de la calcographie du Louvre un artiste du nom de *Joullain*, qui a gravé le portrait de François Desportes, vers 1699; mais M. Varin pense que ce n'est pas le même que le Jollain de la gravure des arquebusiers.

Après avoir consulté la gravure que je viens de vous décrire, consultons l'histoire pour nous rendre compte de ces cérémonies alors si fréquentes et qui de nos jours tendent à se renouveler dans nos villes de province à propos de concours de musiques, de réunions de pompiers, d'orphéonistes, d'archers ou de représentations d'anciens faits historiques décorés du nom de cavalcades. Rochard, dans son Histoire manuscrite de la ville de Meaux, donne à cet égard les détails les plus complets. Ils ont été imprimés, m'a dit M. Boquet-Liancourt, dans une petite brochure in-18 qui aujourd'hui est introuvable. En conséquence il ne sera pas sans intérêt de les résumer dans cette courte notice.

Le 2 juin 1717, les capitaine, officiers et chevaliers de la compagnie de Meaux avaient adressé à toutes les compagnies de Picardie, Champagne et Brie une invitation ou *mandat* pour se rendre à Meaux, le 28 août suivant, afin de tirer le prix provincial. Le style de ce document montre assez l'inportance et la gravité qu'on attachait à ces sortes de convocations; il débutait ainsi :

« Messieurs, les jeux olympiques, si fameux chez les Grecs, institués jadis par Hercule pour honorer Jupiter, ne se renouvelaient tous les cinq ans qu'afin d'exercer la jeunesse qui se rendait par ces combats plus propre à défendre la République contre ses ennemis. C'est sans doute à l'exemple de ces sages anciens que tous nos roys nous ont permis le noble exercice des armes et qu'ils ont souffert un certain temps nos assemblées, etc. »

Après cette lettre pompeuse venaient les conditions et le règlement imposés aux tireurs.

Toutes les arquebuses étaient admises, excepté, dit le règlement, « les rayées au dedans du canon, celles marmotées qui n'auront la visière près la culasse, laquelle aura l'esclavette percée d'un trou seulement au bout de la visière, comme aussi celles dont les visières surpasseront le chien du rouët et excèderont le talon du ressort de la batterie. »

On voit qu'à cette époque l'arquebuse à rouet commençait à détrôner celle à serpentin ou à mèche et que les rayures étaient déjà introduites au canon ; mais elles furent rejetées du concours à cause de l'avantage trop grand donné aux possesseurs de cette arme perfectionnée.

Il fut délivré aux députés de chaque compagnie une médaille d'argent de la valeur de quarante sols, portant d'un côté l'image du roy et de l'autre les armes de la ville ; ils devaient la porter comme marque de leur députation ; les officiers seuls avaient le droit de porter le hausse-col.

La distance du tir était de 50 toises ou 300 pieds de roy, du chevalet à l'ovale; les noirs étaient de trois pouces de diamètre.

Après le règlement, suit l'énumération des prix au nombre de vingt, consistant en pièces d'argenterie d'une valeur totale de 3,000 livres pour chacun des quatre pantons, au total 12,000 livres, sans compter les médailles des députés, l'épée de 75 livres, prix fort envié et les primes des premiers coups.

Quelques jours avant la cérémonie, les Meldois se préparèrent à recevoir leurs invités; une chasse à la *grand'bête* fut organisée dans la forêt de Meaux par les officiers, pour faciliter la confection des pâtés nécessaires à la réception des bandes. Une autorisation spéciale leur fut accordée et la chasse eut lieu avec le concours de la maréchaussée.

Le 27 août, les compagnies commencèrent à arriver; celle de Troyes fut la première; elle fut reçue par celle de Meaux hors de la ville, au faubourg Cornillon, complimentée par les capitaines et conduite à l'auberge de Saint-Nicolas au *Grand Marché*.

Le même jour et toute la journée du 28, arrivèrent les différentes compagnies, quelques-unes à cheval; celle de Vitry-le-François était venue dans un bateau couvert à la manière des coches d'eau, blanchi partout et semé de fleurs de lis bleues ; à son arrivée, elle déchargea une salve de mousqueterie soutenue par des boîtes qu'ils avaient sur leur bateau.

Le dimanche suivant 29, arriva Monseigneur de Rohan-Soubize ; les fusiliers de Meaux allèrent à sa rencontre et après l'avoir complimenté, l'accompagnèrent avec le drapeau, tambours battant, guidons déployés jusqu'à l'évêché où il dîna avec son Eminence Monseigneur le cardinal de Bissy, évêque de Meaux. Toutes les compagnies défilèrent à travers la grand'chambre devant ce personnage qui devait tirer le premier coup pour le roi. Le chroniqueur signale parmi ces compagnies celle de Compiègne comme étant la plus nombreuse et la plus magnifiquement habillée; elle était vêtue d'un surcôt de fin drap bleu avec parements rouges, boutonnières brodées en argent avec la veste en drap d'or à fond rouge; on comprend par la valeur de ce costume que l'entrée dans cette compagnie était impossible aux artisans, aussi les compagnies d'arquebusiers ne se recrutaient que parmi la noblesse et la riche bourgeoisie.

Ce jour il ne fut tiré que le coup du roi; une contestation s'était élevée sur l'ordre que tiendraient les compagnies dans la marche du cortége. Il avait été décidé qu'il serait fixé par le sort; mais la compagnie des arquebusiers de Paris avait élevé la prétention d'avoir le pas et la préséance sur toutes les autres.

Commandée par M. de Montbazon, elle s'était flattée que l'influence de ce seigneur ferait pencher la balance en sa faveur; mais les autres compagnies tinrent bon et le sort l'ayant placée à peu près au milieu, elle demanda à fermer la marche, prétention qui lui fut encore refusée.

La compagnie de Paris, piquée au vif, se retira et, dit Rochard, ce fut dommage, car ils s'étaient bien préparés à paraître ayant amené avec eux des timballes et des trompettes.

Le 30, fut faite la montre de toutes les compagnies, lestes et bien fières avec leurs habits uniformes, leurs drapeaux, guidons et étendards déployés, les tambours battant à chaque compagnie ayant chacune à leur tête leurs emblèmes et dictons.

Le tir dura neuf jours; il ne fut terminé que le 8 septembre au matin, jour de la Notre-Dame. Le reste du jour se passa à délibérer à quelle compagnie serait délivré le bouquet; il fut octroyé, après de longues et d'orageuses délibérations, à celle de Compiègne.

D'après un concordat fait entre les trois provinces de Picardie, Brie et Champagne, il était stipulé que lorsque le bouquet sortirait de Picardie (1) il entrerait en Brie et de Brie en Champagne; il de-

(1) Le bouquet provincial précédent avait été reçu à Laon (Picardie); il avait la figure de la Victoire; il n'avait pu être rendu plus tôt, à cause de la guerre.

vait donc appartenir à cette dernière, aussi la compagnie de Troyes à laquelle il devait revenir, blessée de cette injustice, se retira du concordat et se réunit aux Bourguignons.

Ces questions de préséance ne furent pas les seules qui furent jugées alors ; j'en remarque une qui intéresse plus particulièrement notre pays. Louis Breffort, capitaine-enseigne de Neuilly-Saint-Front, réclamait le pas sur François Gérard, capitaine-guidon de la même compagnie, au sujet du rang que ce dernier prétendait avoir à cheval à la droite de l'enseigne. Les présidents du prix général auxquels requête avait été adressée, donnèrent gain de cause à M. Breffort.

Malgré ces légers nuages, la ville était en fête ; pendant tout le temps que dura le tir, ce n'étaient que réunions et banquets ; partout l'affluence des étrangers était considérable, on se pressait pour voir de plus près les défilés continuels des compagnies se rendant de leurs cantonnements respectifs aux buttes qui leur avaient été assignées, pour examiner les arcs de triomphe dressés à chaque carrefour, pour en lire et interpréter les devises dont ils étaient décorés

A cette occasion la verve poétique des Meldois se manifesta par des flots de poésie. Partout des vers, des devises latines, des quatrains, des odes, des chansons à boire ; il y en eut pour tout le monde, pour le cardinal de Bissy qui a officié à la messe du Saint-Esprit, chantée dans l'église cathédrale le jour de l'ouverture de la cérémonie, et à laquelle les officiers et chevaliers ont été à l'offrande sous les armes, drapeaux, guidons et étendards déployés, tambours battant, au son des hautbois et autres instruments ; pour le prince de Rohan, pour Mgr Bignon, intendant de la généralité de Paris ; pour MM. les vénérables doyen et chanoines du Chapitre ; pour MM. du baillage; pour MM. les maires et échevins ; pour MM. les officiers de l'élection ; pour M. de Rutel, capitaine de l'arquebuse ; pour les portraits des rois Henri IV, Louis XIII, Louis XIV et du Dauphin pour S. A. R. le duc d'Orléans ; il y en eut encore pour les dames pour le bouquet, pour les buttes, pour les maris ; personne ne fut oublié.

Citons, pour en donner l'idée, quelques-unes de ces poésies de terroir dont l'un des auteurs est le chevalier Mondolot, procureur

Meaux, resté garçon et que l'on avait baptisé *de Mondolot la pucelle* pour le distinguer de l'abbé Mondolot, son frère, ancien curé de Marle, qui était l'auteur des inscriptions latines.

*Sur les nouveaux embellissements du Jeu de l'Arquebuse :*

Decus addidit urbi.

C'est un nouvel ornement pour la ville,
Fait l'an sept cent dix-sept et mil.

*Sur la nouvelle porte de la rue Poitevine :*

Pandit ad arma viam.

Elle ouvre le chemin des armes;
Partisans de la gloire, entrez dans ce jardin,
Exprès je vous attends, j'abrége le chemin.

*Sur la porte principale de l'Arquebuse :*

Iter ad gloriam.

Dans le champ de la gloire, entrez-y chevaliers,
Vous y moissonnerez des palmes, des lauriers.

*Sur M. de Rutel, capitaine de l'Arquebuse :*

Vincit amor patriæ.

Pour la gloire de sa patrie
Rien ne lui coûte, il donnerait sa vie.

*Sur la Compagnie de MM. les Chevaliers :*

Ad ludos hodie, quid nisi bella vocarent.

Nos plaisirs dans la paix sont les arts de la guerre,
En jouant, nous apprenons à la faire.

*Sur la marche de toutes les Compagnies :*

Martis pacisque triumphos.

Enfin sont accomplis nos vœux et nos souhaits;
Nous voyons en ce jour unis Mars et la Paix.

*Sur le coup du roy par M. de Soubize :*

Fausto regis nomine et homine.

Tu vas tirer le coup qu'on nomme coup du roy;
A qui pouvait-il mieux le remettre qu'à toy ?

*Sur la salle du Conseil :*

Lites componit causarum hæc arbitra fides.

Si la discorde ose icy se glisser,
Votre équité saura bien l'en chasser.

*Pour les Dames :*

Beautés qui des plaisirs faites les agréments,
Accourez à nos jeux, à cette auguste fête;
Que ce jour soit pour vous un vrai jour de conquête,
Vengez-vous des vainqueurs, faites-en des amants.

*Pour les maris :*

Maris trop inquiets à qui tout fait ombrage,
Arrestez vos transports jaloux,
Laissez sortir vos oiseaux de leur cage,
Vous devez en ce jour les honneurs de chez vous.

Si intéressantes qu'elles soient, je terminerai ici ces citations pour arriver à la scène des adieux.

Le 9 septembre, la compagnie de Meaux fit conduire celle de Compiègne à laquelle avait été remis le bouquet, dans une île de la Marne au pied des Lauris, où des rafraîchissements avaient été préparés; et là, au milieu des toasts, des serrements de main, des protestations d'une amitié que fait naître la confraternité d'armes, on se donna rendez-vous pour le prochain tir provincial. Mais, ajoute mélancoliquement le sage Rochard, combien de ceux qui avaient fait figure pendant cette octave, qui eurent bien besoin de ce qu'ils avaient prodigué follement ; mais c'est l'honneur d'une ville !

BARBEY